ज़िंदगी की खोज में

मानवता, प्रेम, पीड़ा और आत्ममंथन की कविताएँ

डॉ. जोगेंद्र सिंह

Table of Contents

प्रस्तावना

मनुष्य का जीवन केवल बाहरी घटनाओं का क्रम नहीं है; वह एक गहरी आंतरिक यात्रा भी है। इस यात्रा में कभी प्रेम मिलता है, कभी अकेलापन, कभी आशा और कभी निराशा।

यह कविता-संग्रह उसी आंतरिक यात्रा का दस्तावेज़ है।

इन कविताओं में कहीं आत्मा की पुकार है, कहीं जीवन का प्रश्न, कहीं प्रेम की तड़प, और कहीं समाज की कठोर सच्चाइयों का सामना। हर कविता एक भाव, एक अनुभव और एक प्रश्न को जन्म देती है।

यह पुस्तक पाठकों को केवल पढ़ने के लिए नहीं, बल्कि अपने भीतर झाँकने के लिए आमंत्रित करती है।

डॉ. जोगेंद्र सिंह

भूमिका

कविता मनुष्य के हृदय की सबसे सच्ची भाषा होती है।

जब शब्द साधारण वाक्यों में अपनी गहराई व्यक्त नहीं कर पाते, तब वे कविता का रूप ले लेते हैं। यह कविता-संग्रह मेरे जीवन के विभिन्न अनुभवों, भावनाओं और विचारों का परिणाम है।

कभी यह कविताएँ आत्मा की पुकार हैं, कभी प्रेम की कोमलता, कभी समाज की विसंगतियों पर प्रश्न हैं और कभी जीवन के अर्थ की खोज।

मनुष्य का जीवन केवल सुख और उपलब्धियों से नहीं बनता, बल्कि उसके संघर्ष, संवेदनाएँ, रिश्ते, यादें और प्रश्न भी उसे आकार देते हैं।

इन कविताओं में उन्हीं भावों की झलक है।

यदि इन पंक्तियों में पाठकों को अपने जीवन का कोई अंश दिखाई दे, तो मेरा लेखन सफल माना जाएगा।

आभार

इस पुस्तक के लेखन में प्रत्यक्ष या अप्रत्यक्ष रूप से सहयोग देने वाले सभी लोगों के प्रति मैं हृदय से आभार व्यक्त करता हूँ।

विशेष रूप से प्राच्य विद्या अकादमी, महराजगंज; **डॉ. विद्या शंकर त्रिपाठी**, पूर्व प्राचार्य, पीजी कॉलेज, चरखारी, महोबा; **डॉ. अलोक त्रिपाठी**, प्राचार्य, केशव प्रसाद राल्ही पीजी कॉलेज, औराई, भदोही; **श्री विनय कुमार शुक्ल**, **श्री सर्वेश त्रिपाठी** का धन्यवाद, जिन्होंने ने मुझे सामाजिक सरोकार से जुड़ीं कवितायेँ सोचने, महसूस करने और लिखने की प्रेरणा दी।

साथ ही उन पाठकों के प्रति भी कृतज्ञ हूँ, जिनकी संवेदनशीलता और सराहना लेखक को निरंतर लिखते रहने का साहस देती है।

आत्मा की आवाज़

रात को, आधी रात को,
मेरे कर्ण-पटलों तक एक आवाज़ आई,
मैंने अनसुना कर दिया।

फिर आई वही आवाज़, मैंने फिर अनसुना कर दिया।
और जैसे ही अपनी पलकें झपकाईं,
बंद पलकों के आकाश में एक चित्र उभर आयी।

मेरी ही, और मुझसे कहने लगी—
कम से कम तुम तो दे दो मेरा साथ,
मैं हूँ तुम्हारी आत्मा की आवाज़।

फिर भी मैं बिलकुल स्तब्ध और हो मौन,
टालने की मुद्रा में पूछा—कौन?

मायूस, अत्यधिक मायूस हो गई मेरी तस्वीर,
बुदबुदाते हुए बोली—
दोष तुम्हारा नहीं, ये तो है मेरी तक़दीर।

नहीं सुनता कोई मुझको,
जबकि रोकती-टोकती हूँ मैं सबको।

किसी मुख पर आने से पहले असत्य,

मैं प्रेरित करती हूँ उसे सत्य बोलने को।
पर नहीं सुनता वो भी, परिणाम हो चाहे जो भी।

दंगे, धर्म के नाम पर दंगे,
मृत्यु का तांडव करता है इंसान हो नंगे।

भगवान और अल्लाह के नाम पर,
निकलती है एक तलवार, तेज है जिसकी धार।
सामने एक बच्चा, मासूम बच्चा,
किसी अल्लाह और किसी भगवान के जितना ही सच्चा।

उठती है तलवार,
रोकती हूँ, मैं फिर रोकती हूँ,
और कहती हूँ—
मत बन इतना बदसूरत
कि तुझे नज़र न आए उस मासूम में
किसी अल्लाह, किसी भगवान की सूरत।

क्या है इसका दोष? ये तो है निर्दोष।
तेरी तरह अल्लाह और भगवान में अंतर कर पाए,
नहीं इसकी अभी ऐसी सोच।

पर नहीं सुनता वह,
कर डालता है उसका वध,
साथ में मेरा भी।

पर मैं तो अमर हूँ,

यही मेरा कसूर है-मुझे जीना है,
देखने को ऐसे कितने ही अल्लाह और भगवान का वध।

मैं कहता हूँ—बस, अब न कहो कुछ,
सुन लिया तेरा बहुत कुछ।

आत्मा बोली—
मैंने तो सोचा था कि तुम मेरी वेदना सबसे कहोगे,
कहोगे तुम कि कम से कम सुन लिया करें,
वो मेरी आवाज़ ।

पर दो पल के लिए मैं भूल गई थी
कि तुम भी इंसान हो,
कि तुम भी इंसान हो।

डॉ. जोगेंद्र सिंह

मैं ख़ुशी हूँ

जब इंसान होता है दुखी, ज़िंदगी से निराश,
हर तरफ़ दिखता है अंधकार ही अंधकार,
कोई रास्ता नहीं होता उसके पास।

तब मैं जगाती हूँ उसके अंदर जीने का एहसास।
मेरे ही कारण, खंडहर में भी उसे नई इमारतें दिखती हैं,
मेरे ही कारण, वह रखता है तमन्ना जीने की।

मैं अनजान नहीं-जानता है मुझे बच्चा-बच्चा,
आज का नौजवान, और वह भी जिसकी ढल रही है शाम।

लक्ष्मी की तरह, मैं भी नहीं रुकती किसी एक के पास,
मेरी कीमत वही जाने, जो है दुखी, जो है उदास।

मैं दुःख से मूर्छित इंसानों के लिए संजीवनी बूटी हूँ-
हे मनुष्य, मैं ख़ुशी हूँ।

तुममें से मुझे कुछ “चैन” कहते हैं, कुछ कहते हैं “सुकून” ,
मेरे ही लिए इंसान में है धन कमाने का जुनून।

कर डाल रहा है वह ऐसे-ऐसे कर्म,
भूल गया है वह मेरे लिए मानव धर्म।
मुझे पाने को वह अपना रहा है अमानवीय तरीके,
एक लूट रहा है दूसरे को, बाज़ार-सरीखे।

ज़िन्दगी की खोज में

कोई घूस ले रहा है, तो कोई ले रहा है सुपारी,
कोई पकड़ ले रहा है राजनीति की गाड़ी।

पर मैं नहीं जाती उनके पास।
अगर वे समझते हैं कि मैं हूँ उनके पास,
तो यह उनका भ्रम है।
मुझको पाने का तरीका तो सत्कर्म है।

किसी भूले को रास्ता दिखाकर देखो,
किसी भूखे को रोटी खिलाकर देखो,
तुम्हारे दिल से निकलेगी एक ठंडी आह-
यही आह मेरा ही एक रूप है, जो कहलाता है "सुकून" ।

चलो, तुमको एक राज़ की बात बताती हूँ,
हे मानव! तुम्हें मुक्ति की राह दिखाती हूँ।
जैसे गंगा निकलती है हिमालय से,
जैसे प्रकाश फैलता है सूरज से,
जैसे आकाश का अस्तित्व है पृथ्वी से,

वैसे ही मेरा उदय होता है—
मानवता से, धर्म से, सत्कर्म से।

हे मानव! अगर मुझे पाना ही है,
तो बस अपना लो मानव धर्म,
बस अपना लो मानव धर्म।

अब तो क्षमा कर दो!

अब तो क्षमा कर दो तुम मुझको।
नहीं जानता मैं कि तुम कौन हो, कहाँ हो,
पर जहाँ हो, अब तो क्षमा कर दो।

मैंने तो सोचा था कि मैं सही हूँ--फिर क्यों परवाह!
तुमने भी कभी नहीं किया आगाह।

तुमने भी तो नहीं बताया
कि कमज़ोर पड़ गई है सच की तलवार,
तुमने कभी प्रेरणा ही नहीं दी
मानने को असत्य से हार।

तुमने कभी बताया ही नहीं अपने-पराये का भेद,
तो भला क्यों करता मैं किसी से द्वेष!

तुम्हें क्या बताना--तुम्हें तो सब ज्ञान है,
अपनी पाक़ीज़गी पर कितना था मुझे फ़ख्र।

पर किसने की उसकी क़द्र?
जिसने जो चाहा, वही कह दिया,
बिना जाने प्रेम की परिभाषा।

सुनता रहा मैं चुपचाप,

पर अब थक गया हूँ, हार गया हूँ।

चलो माना, सारा कसूर मेरा ही था--
अब तो क्षमा कर दो।

तलाश

कभी-कभी, निराशाओं के बीच भी
जग जाती है एक आस।
दुनिया की इस भीड़ में,
तनहा इंसान को भी मिल जाता है साथ।

फिर क्या है बात? क्यों हूँ मैं उदास?
क्यों नहीं मिल रहा वो मुझे,
कई जन्मों से है जिसकी मुझको तलाश?

पाने को इस जीवन से मुक्ति,
कुछ तो होगी युक्ति,
जो वह मुझे बताएगा--

बताएगा, कैसे बचूँ
छल से, कपट से,
भ्रष्टाचार से, दुर्व्यवहार से,
जो बन गया है इस दुनिया में जीने का सूत्र।

हे जगपिता!
अगर बचना चाहे इन सभी से तेरा कोई पुत्र,
तो क्या करे?
किस रंग से जीवन की तस्वीर भरे?

प्रेम से?

नहीं--प्रेम कहा जाता होगा पूजा पर तेरे ज़माने में,
यहाँ तो प्रेम कहलाने लगा है पाप,
किसी को चरित्रहीन बनाने में।

ये रंग भी बेरंग हो गया--कुछ और बता।

सहनशील बनूँ?

हम्म··· सहनशील होंगे तेरे ज़माने में प्रशंसा के पात्र,
अब जाने जाते हैं वे बस कायर मात्र।

इज़्ज़त करूँ?

पर किसकी?
आ और बता के जा उन लोगों को,
जो अंदर से भी वैसे हैं,
जैसे वे बाहर से दिखते हैं।

यहाँ तो हर कोई अपना रूप छिपाए है,
अपने को सज्जन, दूसरे को दुष्ट बताए है।

किसी को करने को बदनाम,
पहले लोग खूब करते हैं उसका नाम।
किसी को देने से पहले दुःख,
अहसास कराते हैं उसको कि क्या है सुख।

हे पिता, जानता हूँ मैं--
क्यों नहीं मिल रहे आप मुझको।

कोई रंग ही नहीं है बताने को,
जिससे मैं जीवन का चित्र भरूँ।

शायद, आपको भी है उसी रंग की तलाश,
जिस रंग से जी जाए एक ज़िंदा लाश।

सबूत

न जाने कहाँ खो देता है पुरुष अपना वजूद,
एक नारी को देते समय अपने प्यार का सबूत।

कहता है--
तुम ही मेरी ज़िंदगी हो,
तुम ही मेरी साँस, तुम ही मेरी ख़ुशी हो।
तुम ही मेरा चैन, तुम ही मेरा सुकून हो,
तुम ही मेरी हसरत, तुम ही मेरा जुनून हो।

और संयोग से, जब मिल जाता है
दोनों को एक-दूसरे का साथ,
कुछ दूर जाकर खो देते हैं दोनों
एक-दूसरे का विश्वास।

और जग जाता है दोनों का स्वाभिमान,
जो विलय हो गया था
जताते समय एक-दूसरे से प्रेम।

जब दोनों में "मैं" नहीं, बस "तुम" थे,
जब दोनों के बीच जगी थी एक आस—
कि जन्मों-जन्मों का है उनका साथ।

वहीं स्वाभिमान,
जिसकी अनुपस्थिति में
दोनों थे एक-दूसरे की जान,
चुपके से ले आता है
दोनों के बीच तूफ़ान।

बिगड़ जाती है दोनों के बीच हर बात,
अंतिम परिणाम होता है--तलाक।
जो दे देता है सबूत
कि अभी ज़िंदा है दोनों का वजूद।

मिट जाता है उनके बीच
वह अनंत प्रेम, सीमित होकर,
जो उनके बीच जगा था,
अपना-अपना वजूद खोकर।।

भाग्य और कर्म

जब सब कुछ तेरा ही है--
शब्द भी, शब्दार्थ भी,
पुरुष भी, पुरुषार्थ भी,
विवेक भी और उन्माद भी!

तो फिर मैं क्यों माध्यम?
तुम तो भगवान हो, सर्वशक्तिमान हो,
युगों-युगों से महान हो!

तो फिर तुम ही आकर बतला दो--
क्या है जीवन?
क्यों हो जाती हैं आँखें नम?
क्यों कोई पापी, तो कोई संत?
क्यों शुरुआत, और क्यों अंत?

कुछ तो उद्देश्य होगा हमें जनने का,
बता दो जीवन का मर्म।

मैं भी तो जानूँ—
भाग्य और कर्म।

डॉ. जोगेंद्र सिंह

कल्याण कर

हे मनुष्य, मधु और मदिरा का ज्ञान कर,
तू अपना कल्याण कर।
बहुत रह चुका तू मदिरा का गुलाम,
कर त्याग इसका, तू खुद को आज़ाद कर।।

तेरी ज़िंदगी सिर्फ तेरी ही नहीं,
इस पर औरों का भी अधिकार है।
तेरी शिला पर खड़ा तेरा परिवार,
तू इनके जीने का आधार है।

अरे अज्ञानी, कुछ तो ज्ञान कर,
ऐसे अपनों का न अपमान कर।
तुझसे हैं कुछ इनके सपने,
तू इनके सपनों को साकार कर।

तूने मदिरा से जोड़ा है अब नाता,
तेरे परिवार का तुझसे जन्मों का नाता।
एक तूने बनाया, एक बनाया ऊपर वाले ने,
तोड़ दे मदिरा से नाता--कह रहा तुझसे विधाता।

क्या तुझे सुनाई नहीं देती माँ की करुण पुकार?
देख अपने पुत्र को, पत्नी की आँखों में निहार।
न जाने कब से आँखों में लिए हुए अश्रु,
माँग रहे सभी तुझसे अपना-अपना अधिकार।

माँ ने नौ माह कोख में तुझको पाला,
क्या इसलिए कि हो तेरे हाथ में मदिरा का प्याला?
उत्पीड़न देगा सुबह-शाम पत्नी को—
क्या इसीलिए उसे अग्नि-समक्ष सात वचन दे डाला?

देख सामने, तेरे कर्मों से अनभिज्ञ तेरा बेटा खड़ा है,
तेरा तो कुछ बीत गया, उसका पूरा जीवन पड़ा है।
दे उसे अपनी उँगलियों का सहारा—
अरे, तू अभी वहीं खड़ा है!

कौन सा ग़म है, जो तुझे मदिरा पीने को करता है विवश?
बहुत रस हैं ज़िंदगी के, ग़म भी है इसका एक अनोखा रस।
अज्ञानता में ज़हर को ही तूने जीवन-रस बना डाला,
तोड़ भ्रम—खा अपने अपनों और खुद पर तरस।

चल माना, किसी ने दिल तेरा तोड़ दिया,
तो क्या तेरा कोई न था
जो तूने मदिरा से नाता जोड़ लिया?

क्या कसूर था तेरे बीबी-बच्चों का,
जो तूने उनसे अपना मुँह मोड़ लिया?

चल, बहुत जुल्म कर लिया तूने खुद व अपनों पर,
पानी फेर दिया तूने परिवार के सपनों पर।
अब संभल, और काम कुछ ऐसा कर
कि नाज़ करें तेरी पीढ़ियाँ, चलकर तेरे कदमों पर।

चल समाज के प्रति अपने कर्तव्यों की पहचान कर,
अपने अपनों के लिए मदिरा का बलिदान कर।
जिस अँधेरे के कारण तू भटक गया मंज़िल से,
जला दे दीप—औरों के लिए उस मंज़िल को आसान कर।

हे मनुष्य, मधु और मदिरा का ज्ञान कर,
तू मानवजाति का कल्याण कर।
एक धूम्र-निषेध, नव-निर्मित नव-राष्ट्र का निर्माण कर।।

ज़िंदगी की खोज में

तय कर रहा हूँ, धीरे-धीरे,
मौत का सफ़र,
ज़िंदगी की खोज में।

अनगिनत पड़ाव हैं,
कहीं नहीं छाँव है,
और मैं जल रहा हूँ
रिश्तों की धूप में,
ज़िंदगी की खोज में।

जीने की लालसा नहीं,
और न ही मरने का शौक,
दोनों ही मजबूरी हैं—
दोनों को ढो रहा हूँ
ज़िंदगी की खोज में।

बरसों हो गए मुझे जन्मे,
तन्हा आया था,
और आज तक तन्हा हूँ।

अपने रिश्तों के बीच भी,
नए रिश्ते भी बनाता हूँ
ज़िंदगी की खोज में।

दब गया हूँ
अपनों की उम्मीदों के ढेर में,
मेरे तन-मन पर
मेरा कोई नामोनिशान नहीं।
बस लोगों के सपने हैं,
और मैं फड़फड़ा रहा हूँ
ज़िंदगी की खोज में।

क़ैद हूँ इस दुनिया में,
आज़ाद होना चाहता हूँ—
लोगों के सपनों से,
उम्मीदों से,
और अपनी बेजान साँसों से,
ज़िंदगी की खोज में।

आघात

(वर्तमान.......)

ज़िंदगी, ख़ामोश, बेज़ोर, बेहोश,
मैं असहाय, मजबूर और निर्दोष।
मेरी आँखों में आँसू, होठों पे दर्द,
मेरी पहचान—दुःख का चरमोत्कर्ष।

तो ये वक़्त का है फ़ैसला,
नसीब का है दोष,
ज़िंदगी का है रोष।

(भूतकाल.......)

होठों पे मुस्कराहट थी,
जीने की चाहत थी,
खुशियों की आहट थी।

दिल को सुकून था,
जीतने का जुनून था,
जीने का रास्ता
अंधेरों से महरूम था।

तो ये वक़्त का था रहम,

जिसने तोड़ा नहीं वहम,
कि अपनी है धरती, अपना है आकाश,
मेरे अपनों का है साथ।

जिन्होंने मुँह मोड़कर,
साथ मेरा छोड़कर,
दिल पर किया आघात,
दिल पर किया आघात।

मेरी पुकार

हे भगवान, तुम कहाँ हो!
एक बार सुन लो मेरी पुकार,
दुःख से भरी मेरी गुहार।

कहीं ऐसा न हो
कि मैं असत्य से मान लूँ हार,
कहीं मैं अमानुष न बन जाऊँ,
कहीं इन दो आँखों के रहते अँधा न हो जाऊँ,
कहीं समेट न ले मुझको अंधकार!

एक बार सुन लो मेरी पुकार।

मन-रथ पर ही

इक पल मुझसे जो दूर वो होती,
होता अँधेरा, जीवन के हर पथ पर ही।
साँझ-सवेरे, वो तो मेरे, चलती है मन-रथ पर ही।।

कभी चाँद-सा उज्ज्वल चेहरा उसका,
दे अनुपम रूप की परिभाषा।
कभी पायल-सी खनकती हँसी उसकी,
बिखेरे खुशियों की आभा।

कभी आँखें उसकी हैं बतलातीं
मुझको जीवन की गहराई।
वो तो करती है हर पल ही
मेरी साँसों की अगुआई।

मेरा मन तो सावन-सा झूमे
उसके प्रेम भरे हठ पर ही।
साँझ-सवेरे, वो तो मेरे, चलती है मन-रथ पर ही।।

कोमल प्रेम

सिर से पाँव तक प्रत्येक अंग है,
आत्मा भी है, जिसका अपना वजूद है,
पर आज वो सिर्फ एक बुत है।

इसलिए नहीं कि वो संवेदनहीन हो गई है,
इसलिए भी नहीं कि वो दीन हो गई है,
इसलिए नहीं कि उसे सही-गलत की पहचान नहीं–
सब कुछ जानती है वो, नादान नहीं।

फिर भी आज वो भ्रमित है,
पुरुष के वासना-कुंड को प्रेम का सागर समझकर,
उसका मन डूब गया है उसी सागर में।

और कोई लूट रहा है
उसका सम्मान, उसकी चेतना,
उसका वो सब कुछ, जो उसको बनाता है श्रेष्ठ।

और वो प्रतिकार भी नहीं कर रही है,
क्योंकि उसने कर दिया है
अपने तन-मन को अर्पण
उसके समक्ष, जो मानव के रूप में एक पिशाच है।

हे नारी, तेरा यह कोमल प्रेम ही
तेरे लिए अभिशाप है।।

अकथ

एक ख़्वाब है,
अपरिचित, अपरिभाषित, अकथ।

फिर भी मैं उसको जीता हूँ,
वो भी तब,
जब ज़िंदगी से प्यार नहीं होता।

जब चारों तरफ निराशाएँ होती हैं,
जब तलाशता हूँ मैं अपना वजूद।

मैं जीता हूँ
वही अपरिचित, अपरिभाषित, अकथ ख़्वाब।

तुम, जो न जाने कौन हो!
तुम, जो मेरे लाख कहने पर भी मौन हो।

मुझे अपनी-सी लगती हो,
और मैं महसूस करता हूँ तुममें, उन्हीं ख़्वाबों को,
जो ख़ुद मेरे लिए हैं–
अपरिचित, अपरिभाषित, अकथ।

तुम्हारी चाहत की कसम

आपकी आँखें हैं कमाल, कि मैं हूँ हैराँ,
आपकी आँखें तो करती हैं हाल-ए-दिल भी बयां।।

इन्हीं आँखों में देखे हमने प्यार के रंग,
इन्हीं आँखों में देखी हमने मोहब्बत की जंग।।

इन्हीं आँखों में देखा हमने अपने दोनों जहाँ,
इन्हीं आँखों में अब तस्वीर मेरी गुम है कहाँ।।

बस इतना तुम मुझको बता दो, सनम,
देखो तुमको तुम्हारी चाहत की कसम।

जो आँखें देख हमें खिल जाती थीं,
जो आँखें हर पल मेरे ही सपने सजाती थीं,

वहीं आँखें आज क्यों हैं इतनी गुमसुम,
क्या इन आँखों की अब नहीं हो मलका तुम!

बस इतना तुम मुझको बता दो, सनम,
देखो तुमको तुम्हारी चाहत की कसम।

जिन आँखों में हम बरसों उलझे रहे,
जिन आँखों में दर्द मेरे बन के आँसू बहे,

उन्हीं आँखों में चल पड़ा ये सिलसिला कैसा,
कि रह गए इनमें न मेरी चाहत के निशाँ।

बस इतना तुम मुझको बता दो, सनम,
देखो तुमको तुम्हारी चाहत की कसम।

ऐसी शाम तो हो!

अनजान ही सही, कोई अपना है,
मेरे दिल को ये गुमान तो हो।

जिस दिल को सजाया तन्हाई ने,
उस दिल का कोई मेहमान तो हो।।

मैं और मेरे ग़म-ए-दुनिया में,
खुशियों का कोई पैगाम तो हो।

मैं भी शराबी बन जाऊँ,
इश्क़-सा कोई जाम तो हो।।

मिटने को तैयार हैं हम,
चाहत-सा कोई शमशान तो हो।

अनजान रहा मैं इस जग में,
उस जग में ही कोई नाम तो हो।।

याद करे कोई तन्हाई में,
मेरी किस्मत में भी
ऐसी कोई शाम तो हो!

डॉ. जोगेंद्र सिंह

जाने कहाँ खो गए

जाने कहाँ खो गए वो लोग, जो हमें चाहते थे,
हमारी लंबी उम्र के लिए दुआ माँगते थे।

जो मैं मुस्कुराता, तो वो जन्नत पा जाते,
जो मैं आँसू बहाता, तो वो मर-मर-से जाते।

हमें देख के जिनको मिलता सुकून था,
मैं जिनकी तमन्ना, जिनकी आरज़ू था।

जाने कहाँ खो गए वो लोग, और उनका प्यार,

मेरे लड़खड़ाते क़दमों को वो उँगलियों का सहारा,
छुपा के आँचल में मुझको, कहना–लाड़ला प्यारा।

मैं जिनकी आँखों का नूर था,
ममता लुटाना जिनका दस्तूर था,

जाने कहाँ खो गए वो लोंग, और उनका प्यार।
जाने कहाँ खो गए वो लोग, और उनका प्यार।

(*माता -पिता को समर्पित*)

दिल चाहता है

दिल चाहता है
कि ज़िंदगी की सुबह-ओ-शाम,
धूप-छाँव–सब तुम-सी हो!

ये बहुत ही ख़ूबसूरत ख़याल है,
पर तुम इस ख़याल-सी क्यों नहीं हो!

संभल जाता हूँ
तुमको देखकर,
ज़िंदगी के रंज-ओ-ग़म के बाद भी।

ये नज़र बहुत ख़ूब है,
पर तुम इस नज़र-सी क्यों नहीं हो!

देखो न, हार कर सब,
मैं तुमको देखता हूँ–
ये उम्मीद बहुत हासिल है,
पर तुम हासिल क्यों नहीं हो!

दिल चाहता है
ज़िंदगी तुम-सी हो,
पर तुम ज़िंदगी-सी क्यों नहीं हो!

डॉ. जोगेंद्र सिंह

तुम्हारा मौन

कुछ तो सोचो, बोलो!
बोलो कि तुम्हें बोलना है,
यूँ ही चुप नहीं रह सकते,
यूँ ही सब सह नहीं सकते!

माना कि उन्हीं का शोर है,
माना, सब पे उन्हीं का ज़ोर है।

फिर भी तुम्हें बोलना है,
सच के दरवाज़े खोलना है।

इससे पहले कि उम्मीदें दम तोड़ दें,
इससे पहले कि सच बेज़ार हो जाए,
इससे पहले कि शर्म शर्मसार हो जाए,
चारों तरफ अंधकार हो जाए!

तुम तोड़ दो तुम्हारा मौन,
तुम तोड़ दो तुम्हारा मौन।।

समंदर

यूँ ही ख़याल आया–कभी लिखता था मैं,
तेरी बात, मेरी बात, दिल के जज़्बात।

लिखता था अपने अंदर संजोए हुए दर्द,
ख़ुशी, रोष, क्रोध–हज़ारों तरह के बोध।

कहाँ गया वो समंदर!
डूबता था, उबरता था जिसमें
हर भाव, हर घाव के साथ।

अब पता ही नहीं कहाँ हूँ,
कहीं निगल तो नहीं गया मुझको
जज़्बातों का अथाह समंदर!

कौन थामे, किसका हाथ–
सब ही डूबे,
कोई अहम, कोई ईर्ष्या,
कोई छल के समंदर में।

काश! हम झाँक लेते अपने अंदर,
और कर लेते भेद
समंदर-समंदर में!!

डॉ. जोगेंद्र सिंह

....और तुमने भी!

तुमने! तुमने! तुमने! ...... और तुमने भी!
मुझे "मुझे" रहने न दिया।

तुमने! तुमने! तुमने! ...... और तुमने भी!
मुझे मुझसे कहने न दिया।

कि ऐ ज़िंदगी, मेरी भी है,
ऐ सुबहें, ऐ शामें—मेरी भी हैं!

उगता सूरज, ढलता सूरज,
गुनगुनाती शामें, चाँदनी रातें—
अभी भी होती हैं......

तुमने! तुमने! तुमने! ...... और तुमने भी!
मुझे महसूस करने न दिया!

मैंने क्या खोया? मैंने क्या पाया?
मैं क्या हो पाया?
तुम जानो, जग जाने!

पर तुमने! तुमने! तुमने! ...... और तुमने भी!
मुझे "मुझको" पाने न दिया।

तुम्हारे सपने, तुम्हारी ख़्वाहिशें
लेकर शहर-दर-शहर भटक रहा हूँ।

मुरझा गया हूँ अंदर ही अंदर,
पर तुम्हारे लिए महक रहा हूँ।

अब तुम, तुम, तुम...... और तुम भी!
मुझपे एक एहसान कर दो—
मुझसे मेरी पहचान कर दो!

मेरी मिट्टी को मिट्टी हो जाने से पहले,
हाँ, मेरे जाने से पहले... मेरे जाने से पहले।।

यादें

यादों का क्या है!
कब किसको कहाँ आ जाएँ।

किसी के आँखों में भर के आँसूं,
होंठों की मुस्कान ले जाएँ।।

यादों का क्या है!
कब किसको कहाँ आ जाएँ।

हम हैं, वो हैं, और प्यार भरा दिल है,
मैं उनके जीने का सहारा, वो मेरी ज़िंदगी हैं,
चाहत का ये हँसी मंजर, आँखों को दिखा जाएँ।

यादों का क्या है!
कब किसको कहाँ आ जाएँ।

यादों से भरी दुनिया, यादों में बसे कुछ लोग,
जो छोड़ गए हमको, यादों में आएँ रोज़।
ये यादें ही हैं उनकी, जो साँसों को महका जाएँ।

यादों का क्या है!
कब किसको कहाँ आ जाएँ।

अब तो यादें ही ज़िंदगी हैं, यादें ही हर ख़ुशी हैं,

जो न हों यादें उनकी, ज़िंदगी न ज़िंदगी है,
ये भी सच है लेकिन, यादें ही रुला जाएँ।

यादों का क्या है!
कब किसको कहाँ आ जाएँ।।

डॉ. जोगेंद्र सिंह

दिल का दर्द

जब तन्हाई में शाम बिते,
और तू कहीं दूर तक न दिखे,

तो दिल का दर्द जवाँ होता है,
मातम-सा हर समाँ होता है।

वो रास्ते में तेरी नीची निगाह,
और मुझको देखने की भी चाह।

वो तेरा चोरी से पलकें उठाना-गिराना,
कि कहीं देख न ले ये मंजर ज़माना।

अब जो वो हँसी मंजर नहीं होता है,

तो दिल का दर्द जवाँ होता है,
मातम-सा हर समाँ होता है।।

फिर वफ़ा क्या है!

मोहब्बत में तड़पने का मज़ा क्या है,
तोहफ़ा-ए-ज़िंदगी अगर,
तो फिर सज़ा क्या है!

बेकरार दिल, शर्मीली नज़रें,
इंकार है गर, तो फिर रज़ा क्या है!

उनके इक दीदार को, क़बूल सौ सितम,
बेवफ़ाई है गर, तो फिर वफ़ा क्या है!

मेरी नींदें चुरा के, मुझको तड़पाना,
है आपकी इनायत, तो फिर ख़ता क्या है!

नज़रों के रास्ते दिल में उतर जाना,
है आपकी आदत, तो फिर अदा क्या है!

देखा है जब से आपको, दुनिया की न ख़बर,
चाहत है आपकी, तो फिर नशा क्या है!

कहते हैं लोग कि मैं अनजान मोहब्बत से,
लोगों से ही पूछ लीजिए, कि फिर वो क्या हैं!

उपसंहार

जीवन एक निरंतर यात्रा है।

इस यात्रा में हम कई लोगों से मिलते हैं, कई अनुभवों से गुजरते हैं और अंततः स्वयं को समझने का प्रयास करते हैं।

कविता उसी प्रयास की एक अभिव्यक्ति है।

यदि इन कविताओं के माध्यम से पाठक अपने भीतर की आवाज़ को थोड़ा और स्पष्ट सुन पाएँ, तो यह पुस्तक अपने उद्देश्य में सफल होगी।

लेखक जीवनी

डॉ. जोगेंद्र सिंह की छात्र-जीवन से ही कविताएँ लिखने में विशेष रूचि रही है। वर्तमान में डॉ. सिंह एक विश्वविद्यालय में गणित के एसोसिएट प्रोफेसर हैं। गणित जैसे तार्किक विषय में गहराई से जुड़े होने के बावजूद, कविता लेखन उनका प्रिय शौक है, जिसके माध्यम से वे अपनी भावनाओं और विचारों को अभिव्यक्त करते हैं।

उनके लिए कविता केवल साहित्यिक अभिव्यक्ति नहीं, बल्कि आत्मा की आवाज़ है। उनकी रचनाओं में मानव जीवन की गहराइयाँ, भावनाएँ और सामाजिक यथार्थ सहज रूप से उभरकर सामने आते हैं। उनकी कविताओं में जीवन के विविध आयाम-प्रेम, पीड़ा, संघर्ष, मानवीय मूल्य और आत्ममंथन—स्पष्ट रूप से दिखाई देते हैं।

डॉ. जोगेंद्र सिंह का मानना है कि साहित्य मनुष्य को स्वयं से जोड़ने का एक सशक्त माध्यम है। उनका यह कविता-संग्रह "ज़िंदगी की खोज में" जीवन की उसी आंतरिक यात्रा को शब्दों में अभिव्यक्त करने का एक सुंदर प्रयास है।

www.ingramcontent.com/pod-product-compliance
Lightning Source LLC
La Vergne TN
LVHW090335210926
848480LV00004B/1423